Joseph AULNEAU

AVOCAT A LA COUR D'APPEL

Russes, Japonais & Américains

En Mandchourie

La Lutte d'influence

PARIS

BUREAUX DE LA *REVUE POLITIQUE ET PARLEMENTAIRE*

36, RUE VANEAU

1911

Russes, Japonais & Américains
En Mandchourie

La Lutte d'influence

Joseph AULNEAU

AVOCAT A LA COUR D'APPEL

———◇———

Russes, Japonais & Américains

En Mandchourie

———

La Lutte d'influence

————◆————

PARIS

BUREAUX DE LA *REVUE POLITIQUE ET PARLEMENTAIRE*

36, RUE VANEAU

—

1911

Extrait de la Revue Politique et Parlementaire

(Avril 1911)

RUSSES, JAPONAIS ET AMÉRICAINS EN MANDCHOURIE

LA LUTTE D'INFLUENCE

Il y aura bientôt six ans que le traité de Portsmouth, qui mettait fin à la rivalité russo-japonaise a été signé. Contre-partie de celui de 1898 qui enlevait Port-Athur aux Japonais, il transformait les données de la politique russe et marquait un recul de l'influence européenne en Extrême-Orient. Le Japon était devenu une grande puissance qui allait prendre pied en Chine et plus tard en Corée ; il pouvait rêver d'étendre sa domination sur le Pacifique. Problèmes nouveaux que cette guerre, une des plus gigantesques de l'histoire, a créés, tant au point de vue diplomatique qu'au point de vue économique, et qui ont modifié la situation politique de l'Extrême-Orient et plus spécialement de la Mandchourie, théâtre des opérations !

*
* *

La guerre russo-japonaise fut un conflit politique, mais surtout et d'abord un conflit économique. La Russie avait été amenée, pour des motifs de politique intérieure plutôt qu'extérieure, à substituer à l'idée de la croisade sainte, à l'idée de la conquête de Constantinople, celle de la recherche de la mer libre, et avait été obligée, à cause de sa situation économique et sociale, de la pénurie de terres cultivables du côté de la Sibérie, à fonder des colonies agricoles. N'ayant pu les trouver qu'en Extrême-Orient, elle fut acculée à la nécessité de découvrir des débouchés pour ses nouvelles colonies, et voulut mettre la main sur la Mandchourie et la Corée qui en était le prolongement naturel. Non pas qu'elle eût au point de vue économique strictement besoin de la Corée ; elle eut même bien fait place au Japon dans l'empire du Matin-Calme, comme à l'Angleterre en Perse, mais ce qu'elle voulait, c'était menacer le Japon par la Corée. A Port-Arthur, à Dalny, la Russie était sur une mer fermée dont le Japon avait les clefs. Elle désirait que le Japon fût pour elle un portier soumis, forcé d'exécuter ses ordres ; elle pensait donc le tenir par la menace, par la crainte d'un débarquement toujours possible. Elle aurait la Corée ouverte à ses armées et la mer libre. Elle se consolerait de l'abandon de la croisade sainte, et elle pourrait distribuer des terres aux colons de Sibérie.

C'est ainsi que la Russie peu à peu prenait pied en Mandchourie, que par la convention de 1896 (27 août/12 septembre), entre la Banque Russo-Chinoise et la Chine, elle obtenait de prolonger le Transsibérien jusqu'à Vladivostok par Tsitsikar, en territoire mandchou. En 1898 (15/27 mars), il fut permis à la Compagnie du chemin de fer de Mandchourie de construire une ligne d'embranchement se dirigeant sur Talienwan (art. 8). C'était le Transmandchourien. Les Russes pouvaient donc s'avancer librement sur le Yalou, aux portes mêmes de la Corée. Leur politique devait les entraîner forcément à déborder cette limite.

Les agissements des Russes en Corée, les concessions forestières obtenues sur la rive gauche du Yalou, au profit de la *Société du Yalou*, exaspérèrent les Japonais. Déjà ils protestaient, ils se lamentaient en voyant les Russes installés en Mandchourie et tendant peu à peu à l'annexion. Mais pour eux la Mandchourie ne valait pas une guerre. Pour la Corée, c'était bien différent. La main-mise de la Russie sur la Corée — et les Japonais la redoutaient — devait amener nécessairement la guerre.

Elle éclata le 8 février 1904, et la Russie fut battue. Le Japon, par le traité de Portsmouth du 5 septembre 1905, obtenait que la Russie lui reconnût « en Corée des intérêts prépondérants, politiques, militaires et économiques », (art. 2), et que l'administration de la Mandchourie fût « rétrocédée entièrement et complètement à la Chine » (art. 3, 2°). Mais en revanche, il dut faire à la Russie des concessions, ce fut le partage idéal de la Mandchourie, la coupure du Transmandchourien. Il devait évacuer le territoire mandchourien, sauf la péninsule du Liao-Toung grevée à son profit d'un bail spécial (art. 3, 1°, et art. 1 annexé), et la Russie lui transférait la propriété de la voie ferrée comprise entre Port-Arthur et Kouan-Chang-Zu, au-dessus de Moukden ; elle gardait l'administration de cette ligne jusqu'à la frontière russo-chinoise au-dessus de Kharbine (art. 6). Les deux puissances se reconnaissaient au point de vue commercial des facilités équivalentes. Or, que voulait la Russie avant la guerre ? précisément écouler librement ses produits à travers la Mandchourie, sur la mer libre; le Japon y consentait, logiquement la Russie ne pouvait obtenir plus. C'était même pour elle un avantage indéniable. Le traité de Portsmouth ne fut donc pas un échec pour la Russie. La façon dont il fut accueilli au Japon par les éléments nationalistes extrêmes le prouve surabondamment.

Ainsi, avant la guerre, les deux puissances ne voyaient aucune transaction possible, leurs prétentions en Mandchourie et en Corée paraissaient inconciliables. Et voici que la guerre les amenait à s'entendre, à trouver les transactions nécessaires sous l'œil bienveillant des Américains.

Il est à remarquer ici que le Japon et la Russie, au point de vue économique, ne se font pas concurrence en Extrême-Orient, ou du moins cette concurrence est très faible. Les produits que la Russie peut exporter sont des produits agricoles, auxquels le Japon, qui est, avant tout, un pays industriel, ne peut en opposer de similaires. Il serait plutôt acheteur dans la limite de ses moyens monétaires. La Russie, puissance agricole, et le Japon, puissance industrielle, peuvent donc s'entendre.

La Russie tend bien de plus en plus à devenir une puissance industrielle, mais elle ne peut être en Chine une rivale du Japon. Son industrie est, en effet, loin de suffire à ses propres besoins, et puis, pour faire pénétrer en Chine les produits de ses manufactures, il lui faudrait les envoyer par la voie de terre, par le Transsibérien. Or, c'est la voie la plus coûteuse ; le Japon, au contraire, les expédie très économiquement par mer, et peut aisément en inonder la Chine. Les deux pays qui ne sont pas des rivaux économiques se complètent donc plutôt. Le Japon, qui est un pays pauvre au point de vue agricole, pays montagneux, formé d'îles volcaniques et de terres incultes, et qui peut à peine nourrir ses habitants, trouve en Corée des terres à riz, des pêcheries ; la Corée lui devient d'une grande utilité, une ressource nécessaire. De plus, le Japon peut y envoyer ses produits industriels. Elle est comme un pont jeté entre le Japon et la Chine.

La Russie, de son côté, n'avait aucunement besoin de la Corée pour écouler ses produits agricoles, puisque le Japon pouvait accorder à la Russie, sans en souffrir, la libre sortie de ses produits. On s'explique donc très bien le traité de Portsmouth, on s'explique moins la guerre russo-japonaise, qui fut, en somme, le résultat d'un malentendu, provenant de la volonté bien arrêtée des Russes d'occuper la Corée, dont ils n'avaient pas besoin, et de la volonté des Japonais, qui prenaient ombrage de cette occupation de ne pas la tolérer.

Dissiper ce rêve d'extension des Russes, c'était du même coup dissiper les terreurs japonaises. Il n'y avait qu'un pas à faire pour que les deux rivaux s'entendissent, non seulement pour mettre fin à leurs querelles passées, mais aussi pour sauvegarder leurs intérêts en Extrême-Orient, pour évincer leurs rivaux du commerce de la Chine. C'est à cette entente qu'ils semblent être arrivés, au grand ennui des Américains.

*
* *

Ceux-ci, en intervenant comme honnêtes courtiers entre la Russie et le Japon, n'avaient pas prévu cette entente postérieure des deux ennemis, naguère si montés l'un contre l'autre. Ils ont peut-être fait un faux calcul. Les Américains, depuis longtemps déjà, n'avaient pas dissimulé leurs sympathies japonaises. Sans vouloir rappeler les relations qui existèrent **jadis entre** le Japon et l'Amérique espagnole, notamment avec le Mexique et les Philippines (1610-1634), il ne faut pas oublier que c'est le commodore Perry qui, en 1854, en exigeant l'ouverture des ports de Shimoda et de Hakodate au commerce mondial, tira les Japonais du splendide isolement où le Shogounat, pendant deux siècles, avait voulu les enfermer, et prépara leur transformation politique et sociale. Dès lors, le mouvement commercial s'accentua entre les deux pays. C'est en 1869, que le premier chemin de fer transcontinental unit l'Atlantique au Pacifique, et que le continent américain se trouva ainsi rapproché de l'Extrême-Orient ; c'est vers cette époque aussi que le Shogounat est renversé et que le Japon s'ouvre définitivement à la civilisation occidentale. L'Amérique tend de plus en plus vers l'Extrême-Orient pour y écouler les produits d'une industrie qui prospère sans cesse ; elle voit peu à peu le reflet du soleil couchant s'allonger sur la mer vermeille qui conduit à la Chine et au Japon. San-Francisco, qui remplace désormais Acapulco dans les anciennes relations hispano-japonaises, a un commerce actif avec les ports japonais. Les Philippines, devenues américaines, servent de trait d'union entre les deux continents dans l'immense désert maritime du Pacifique. Enfin les lignes de communication, soit par terre entre les ports de l'Atlantique et du Pacifique, soit par mer, se multiplient entre le Japon et l'Amérique.

Il ne faut pas oublier encore ce débordement de sympathie qui se manifesta pour le Japon en Amérique, dès la première attaque de Port-Arthur. Le caractère japonais, très optimiste au point de vue national, très audacieux en affaires, à la fois commerçant et guerrier, plaisait extrêmement aux Américains ; ils les considéraient comme les représentants attitrés de la civilisation. D'un autre côté, les Américains en voulaient aux Russes de ne pas tenir leurs promesses d'évacuer la Mandchourie, de ne pas respecter le principe de l'*open door* ; ils craignaient qu'ils ne le confisquassent en Corée à leur profit. Les Américains furent donc d'abord favorables aux Japonais.

Mais une fois les Russes vaincus, désirèrent-ils un triomphe trop complet des Japonais ? Leur intervention n'a-t-elle pas tendu plutôt à modérer leur victoire ? Elle aurait ainsi répondu à une préoccupation des Américains en Extrême-Orient, où ils possèdent déjà les Philippines, et où ils ne peuvent rêver de conquêtes territoriales, surtout depuis que la politique du respect de l'intégrité de la Chine a succédé parmi les puissances à celle du *break-up of China*. Ils voulaient, en effet, que sur toute l'étendue du Céleste Empire, surtout dans cette Mandchourie soumise à l'influence russe et que les Japonais allaient accaparer, pour la plus grande partie du moins, le principe de la « porte ouverte » fût reconnu par les deux adversaires de la veille, principe nécessaire au libre écoulement des produits des Américains et à leur expansion commerciale à travers le Pacifique, qui, dans leur pensée, devait bientôt supplanter la Méditerranée dans les relations mondiales. Les Américains pensèrent que la Russie et le Japon signant, grâce à eux, la paix à Portsmouth, se feraient des concessions économiques réciproques et reconnaîtraient le principe de la « porte ouverte », admettant forcément les autres nations au bénéfice de l'exploitation de la Mandchourie et de la Chine. Pour les Américains, la clause de l'*open door* proclamée pour la Chine, s'étendrait incontestablement à la Mandchourie, puisque, en vertu du traité russo-japonais, la Mandchourie continuait d'être reconnue comme terre chinoise. Tout cela voulait dire que la Mandchourie, occupée par les Russes et les Japonais, mais appartenant à la Chine, ne serait pas leur chasse réservée. En sa qualité de terre chinoise, on lui maintiendrait le principe de l'égalité de traitement entre toutes les nations. Dans la pensée des Américains, la clause de la « porte ouverte » signifiait non pas que Japonais et Russes laisseraient les autres nations commercer librement, ce droit elles l'avaient, mais que Russes et Japonais n'auraient en Mandchourie aucun avantage économique spécial résultant légitimement, soit de leur qualité de premier occupant, soit de la guerre formidable qu'ils avaient soutenue, soit de leur occupation de fait.

Les Américains comptaient être entre les Japonais et les Russes le bon troisième larron qui se glisserait entre eux pour retirer tous les bénéfices du nouveau traité en Mandchourie et en Chine. De toutes les nations non-asiatiques qui commercent avec la Chine, les Américains peuvent très justement se considérer comme les mieux situés. Ils ont, à cet égard, une très grande supériorité sur l'Angleterre et sur l'Allemagne. San-Francisco est plus rapproché de Shanghaï que Londres et Hambourg. Mais ils ont besoin de la « porte ouverte » pour leur commerce. Ils tablaient donc sur l'hostilité russo-japonaise pour faire respecter en Mandchourie le principe de l'*open door*. Ils espéraient que Russes et Japonais, tout à leur animosité, les laisseraient s'y installer.

Ils avaient encore un autre espoir. Ils pensaient pouvoir, grâce à leurs bonnes relations avec la Chine, obtenir en Mandchourie, au point de vue commercial, une situation prépondérante. Dès le lendemain du siège des Légations, ils prenaient une attitude de désintéressement superbe, en abandonnant à la Chine l'indemnité que celle-ci devait leur verser. Ce beau geste enthousiasma les Chinois. Les Américains espéraient bien en revanche recueillir toute l'affluence des commandes chinoises ; ils se voyaient déjà les maîtres de cet immense marché. Ils s'étaient peut-être trop pressés de conclure. Il faut connaître l'esprit de la Chine moderne pour apprécier certains actes qui nous déconcertent. Pourquoi, en 1905, les marchands chinois boycottaient-ils sur leurs principales places les marchandises américaines peu d'années après les complaisances que les Etats-Unis avaient manifestées envers la Chine ? Ils voulaient bien ainsi répondre à certaines mesures restrictives adoptées par les Américains à l'égard de l'immigration chinoise. Mais il y avait une autre raison, c'est que les Chinois ne distinguaient pas entre les étrangers qui, malgré eux, foulaient le sol de leur Empire. Ce qui les poussait à agir de la sorte, c'était un réveil non dissimulé du sentiment national, qui est, après tout, une nouvelle forme de l'antique xénophobie chinoise.

En étudiant plus spécialement désormais la situation politique et économique de la Mandchourie, nous verrons comment les influences diverses déjà signalées sont entrées en conflit, comment les ennemis d'hier sont devenus les amis d'aujourd'hui, comment les Américains, pendant longtemps amis des Japonais, en sont aujourd'hui les concurrents économiques.

*
* *

C'est en octobre 1895, que la Russie, par le traité Cassini, avait obtenu de la Chine le droit de faire passer le Transsibérien par la Mandchourie, et d'occuper cette province militairement pour surveiller les travaux. Le gouvernement russe créa alors la Compagnie des chemins de fer de l'*Est chinois* qui construisit, de 1896 à 1903, une voie ferrée se détachant du Transsibérien à Kharbine et descendant sur Port-Arthur, avec embranchement sur Dalny, où on creusa un port commercial en remplacement de Port-Arthur devenu port militaire. Pour mettre le Transsibérien et l'Europe en communication rapide avec Tientsin, Pékin, et les chemins de fer du *Nord chinois*, l'*Est chinois* établit une voie de jonction entre Tachichao et Niou-Tchouang. Les lignes de l'Est chinois avaient le même écartement que celles du Transsibérien (1 m. 83), mais il en était différemment sur le réseau du Nord chinois qui avait l'écartement normal des voies ferrées d'Europe (1 m. 44). Il fallait donc changer à Niou-Tchouang.

Les Japonais, au moment de la guerre, transformèrent les rails du Transmandchourien jusqu'à Moukden pour y mettre leurs wagons. Ceci même aurait servi à arrêter les Russes en cas de retour offensif. Puis les Japonais reçurent, au traité de Portsmouth (art. 6), la partie du Transmandchourien comprise entre Port-Arthur et Kouan-Chang-Zu, avec faculté pour eux et les Russes de disposer le long de leurs voies respectives des gardes à raison de 15 par kilomètre. Une société japonaise par actions, la *South Mandchurian railway Cy*, fut constituée (ordonnance du 8 juin 1906) pour exploiter commercialement l'ancien réseau de l'Est chinois jusqu'à Kouan-Chang-Zu. Mais la différence de rails oblige les voyageurs à changer de train à cette gare, puisqu'au delà la voie ferrée est aux mains des Russes avec l'écartement de 1 m. 83.

C'est autour du Transmandchourien que les rivalités entre

les puissances occupant la Mandchourie et la Chine allaient
se manifester dès 1905. Il faut dire que la souveraineté de
la Chine, entre la Russie au nord et le Japon au sud, est très
amoindrie. Le chemin de fer constitue en Mandchourie une
sorte de servitude, une restriction à l'exercice de la souveraineté chinoise. Il n'est donc pas surprenant que de temps
à autre des difficultés éclatent entre les occupants de fait
et les souverains légitimes.

Après 1904, les Chinois se montrèrent partisans convaincus
des chemins de fer. Mais ils en firent bientôt une question
nationale. Craignant l'influence étrangère qui pénétrait en
Chine, grâce aux voies ferrées, ils les voulurent en leurs
mains propres. D'où les difficultés qui naquirent, d'abord
entre la Chine et le Japon, à propos d'embranchements à
créer sur le Transmandchourien.

Depuis la guerre, du reste, les relations étaient beaucoup
moins cordiales entre la Chine et le Japon. On aurait pu
s'en étonner, puisque les hommes d'Etat japonais avaient
déclaré, au début de la guerre, qu'ils luttaient contre la Russie pour conserver à la Chine ses provinces. Les Chinois,
sans doute, n'eurent pas confiance. En effet, en 1908, il y eut
déjà des contestations entre les deux pays au sujet de l'exploitation des forêts du Yalou ; puis vint l'affaire du *Tatzu-
Maru* (1).

Mais c'est au sujet de l'embranchement à créer entre Antoung et Moukden que le différend le plus grave allait s'élever entre les deux puissances. Par le traité de Pékin, du
22 décembre 1905, la Chine, dans l'article 6, reconnaissait
au Japon le droit d'exploiter et d'améliorer cette ligne de
chemin de fer qu'il avait construite pendant la guerre avec
la Russie. Cette amélioration devait être achevée dans un
délai de deux ans, plus une période de 12 mois nécessaire
à l'évacuation des troupes, soit en 1908 ; et en 1923 (la qua-
rante-neuvième année de Kouang-Sou), la ligne serait rétrocédée au Céleste Empire (2).

(1) Voir *Une année de politique extérieure*, par René MOULIN et S. DE
CHESSIN, 1909, p. 338.

(2) Voir article de M. LABROUE, dans la *Revue Politique et Parlementaire*, 10 décembre 1909: *La confiscation de la Mandchourie méridionale par le Japon. Le chemin de fer d'Antoung à Moukden.*

L'amélioration de la voie qu'impliquait cet article 6 était des plus nécessaires ; la voie ne mesurait que 0 m. 75, la moitié du Transsibérien. C'était un simple Decauville où les déraillements étaient des plus fréquents. On mettait 36 heures pour parcourir les 300 kilomètres qui séparent Antoung de Moukden, soit 8 kilomètres à l'heure. Le Japon, dès 1908, se préoccupa de reconstruire la ligne. Or, le gouvernement chinois, qui, au lendemain des victoires japonaises, avait fait de très grandes concessions au vainqueur, se reprit, discuta sur les textes, prétendit que le Japon n'avait pas le droit de reconstruction, mais seulement d'exploitation qui pouvait s'exercer sans réfection totale de la ligne. On joua sur le mot « amélioration ». Le Japon pouvait-il se contenter d'une voie de 0 m. 75 pour l'exploitation commerciale de la Mandchourie ? Il y avait d'abord une situation de fait contre laquelle la Chine ne pouvait rien, et puis un texte qu'elle avait signé, contre son gré si l'on veut, mais le texte était là. Elle disait, il est vrai, et avec plus de raison, que le Japon avait laissé passer le délai imparti pour l'exécution des améliorations nécessaires (art. 6) qui expirait le 22 décembre 1908, et qu'il ne pouvait plus rien changer à la ligne. Le Japon, pressé d'en finir, parla haut et ferme, en déclarant que, dès 1908, il avait cherché à modifier la ligne et que la Chine avait à dessein fait traîner les négociations (communiqué du 6 août 1909 aux grandes puissances). C'était presque un ultimatum. La Chine ne voulait point la guerre, et tout en protestant dans le communiqué du 11 août, elle laissait entendre qu'elle céderait. Le 19 août, était signé un mémorandum en vertu duquel la Chine consentait à la reconstruction du chemin de fer Antoung-Moukden avec l'écartement de voie normal.

Ce litige est important, car son règlement, le 19 août, entraîna celui d'autres difficultés entre les deux Etats. La Chine voulait relier Hsin-Min-Ting à Fakoumène, sur le Liao-Ho, afin d'établir plus tard un contact direct entre les lignes chinoises et les lignes russes de la Mandchourie du Nord. Le Japon protesta, invoquant le traité de 1905 et disant que la Chine ne pouvait établir de voie concurrente au Transmandchourien. La Chine céda et consentit à ne pas construire cette voie sans l'assentiment du Japon.

Dans le même acte du 4 septembre, on régla, en faveur du Japon, la question du chemin de fer Tachichao-Niou-Tchouang reconnu comme embranchement du Sud-Mandchourien et qui pourra être prolongé jusqu'à Inkéou (art. 4).

Un autre accord du même jour délimite le territoire du Chien-Tao au sujet duquel des difficultés s'étaient élevées. Le Japon reconnaissait bien la souveraineté chinoise sur ce territoire, mais il prétendait soustraire ses habitants à l'administration chinoise ; car, au cours de la guerre, beaucoup étaient rentrés en Corée, avaient pris les habitudes coréennes, s'étaient habillés à l'européenne et étaient revenus ensuite chez eux. Le Japon a reconnu la justesse des réclamations chinoises et le fleuve Tumen sert désormais de frontière entre le Chien-Tao et la Corée.

La Chine, d'autre part, s'engageait à construire le chemin de fer Kouan-Chang-Zu-Kirin, jusqu'à la frontière du Yenchi et à le raccorder à Hoiryong avec le chemin de fer coréen. En revanche, la Chine pouvait prolonger jusque dans la ville de Moukden, afin qu'il se soude au Transmandchourien, le chemin de fer Pékin-Moukden qui met en communication cette ville avec la capitale par Hsin-Min-Ting, Kintchéou, etc...

D'autres difficultés devaient s'élever, toujours à propos du Transmandchourien, entre la Russie et la Chine. Le 21 janvier 1909 (1), le général Horvat, consul de Russie à Kharbine, faisait fermer tous les entrepôts chinois situés dans la zône du chemin de fer à l'ouest de la ville, à la suite du refus des propriétaires de payer la taxe imposée par la Compagnie. La Chine protesta vivement. Le 10 mai 1909, un accord intervint aux termes duquel il était stipulé que l'administration, dans la zone du chemin de fer, serait conjointement aux mains des Russes et des Chinois. La ville de Kharbine devait avoir une municipalité russo-chinoise.

Article premier. — Les droits souverains de la Chine sont reconnus sur les terrains de la Compagnie.

Art. 2. — La Chine prendra toutes mesures résultant de ces droits souverains sur les terrains du chemin de fer et ni l'administration du

(1) Voir *Bulletin du Comité de l'Asie Française*, juin 1909.

chemin de fer, ni les municipalités ne pourront, sous aucun prétexte, s'opposer à ces mesures.

Peu à peu, par des accords successifs, Japonais et Chinois, Russes et Chinois, réglaient toutes les difficultés qu'avait fait naître entre eux l'exploitation du Transmandchourien, et le principal bénéficiaire de ces accords, comme conséquence surtout du traité de Portsmouth, était le Japon. Et, en effet, si on considère la carte des chemins de fer coréens, mandchouriens et chinois, on verra que le Japon, en possession du chemin de fer Kouan-Chang-Zu-Port-Arthur et Antoung-Moukden, enserre la Mandchourie méridionale dans un immense triangle. Les deux chemins de fer en constituent les deux côtés, et la mer en forme la base ; or le Japon est maître de la mer. L'Antoung-Moukden est en communication par le Transcoréen avec Tokio qui se trouve à 56 heures de Séoul au lieu de 7 jours autrefois. Tokio correspond avec l'Europe par le Transsibérien et avec Pékin par le Transcontinental Pékin-Hankéou au moyen du Transcoréen. Voilà le magnifique résultat que le Japon a obtenu en peu de temps, grâce à son énergie et à sa ténacité.

Cette situation prépondérante des Japonais devait, pour les raisons indiquées plus haut, alarmer un jour les Américains. Les Russes et les Japonais, jadis ennemis, se rapprochaient peu à peu, passant l'éponge sur leur différend récent, afin de s'entendre au point de vue économique, dans un esprit de concorde et d'harmonie. Puisque notre commerce ne se limite pas l'un et l'autre, exploitons de concert la Mandchourie, conservons-la pour nous ! Tandis qu'en 1905, le Japon cherche à prendre dans le traité des garanties contre la Russie (chemin de fer Port-Arthur-Kouan-Chang-Zu), songe presque à lui opposer, par l'article 3, la souveraineté chinoise restaurée, en 1907, il décide, d'accord avec elle, un partage d'influence en Mandchourie, à l'encontre de la Chine et des puissances dont la diplomatie les gênerait.

Le 13 juin, est signée à Saint-Pétersbourg, une convention visant l'exploitation des chemins de fer de l'Est chinois et du Sud-Mandchourien, ainsi qu'un protocole relatif à la gare commune de Kouan-Chang-Zu. Le 28 juillet, un arrangement est conclu au sujet des pêcheries dans les mers du Japon, d'Okhostk et de Behring au profit des sujets japonais ; et le même jour un traité de commerce reconnaît aux sujets des deux Etats des droits et des privilèges spéciaux qui ne résultent pas de la clause de la nation la plus favorisée. Que dit enfin l'article premier de l'accord du 30 juillet 1907 que signèrent MM. Iswolsky et Motono ? « Chacune des Hautes Parties contractantes s'engage à respecter l'intégrité territoriale actuelle de l'autre, et tous les droits découlant pour l'une et l'autre partie des traités, conventions et contrats en vigueur entre elles et la Chine. »

Que pensaient les Etats-Unis de ces accords ? Le 30 novembre 1908, par un échange de lettres entre M. Root, secrétaire d'Etat aux Affaires étrangères et M. Takahira, ambassadeur du Japon, les Etats-Unis et le Japon avaient bien voulu dissiper les malentendus qui existaient, améliorer une situation très tendue depuis les troubles des écoles de San-Francisco. Il n'en restait pas moins vrai que les Etats-Unis étaient inquiets de la situation qui était faite à la Mandchourie économique, d'abord du fait des droits d'occupation et de possession russo-japonais, puis des tarifs de faveur que les Japonais accordaient à leurs importations sur la partie du Transmandchourien qui leur appartient et qui sont contraires, d'après les Américains, au principe de la « porte ouverte ».

Leur politique fut d'appuyer en Mandchourie le principe de la souveraineté chinoise qui était consacré par tous les droits et accords, mais qui, d'après eux, était en fait méconnu. Dans les difficultés qui s'élevaient de temps à autre entre la Chine et les occupants de la Mandchourie, leur diplomatie soutenait la Chine. On vit ainsi en 1908, M. Fischer, consul des Etats-Unis à Kharbine, s'associer à la résistance que le tao-taï opposait aux règlements édictés par le représentant de la Compagnie de l'Est chinois, en ce qui concerne le commerce et la vie municipale de la ville.

Ils voulurent défendre d'une autre façon leurs intérêts économiques. Ils avaient toujours soutenu en Chine le principe de la « porte ouverte ». M. Hay avait obtenu, jadis, des puissances qui avaient pris à bail les ports chinois, des déclarations respectant l'égalité commerciale. Le Président Taft, voulant consolider ce principe, comparable aux yeux des Américains à la doctrine de Monroë, lança dans son message du 7 novembre 1909, une idée nouvelle. « La conception de la Mandchourie comme un Etat tampon dans lequel les chemins de fer se trouveraient sous le contrôle des représentants de toutes les nations, disait-il, et ne seraient plus gardés par les armées d'aucune autre, est de celles qui, si elles étaient réalisées, auraient des résultats permanents pour la paix. » Peu de temps après, la diplomatie américaine, avec une ardeur toute juvénile, envoyait, par l'entremise de M. Knox, une note aux puissances qui proposait le rachat par la Chine, au moyen d'un emprunt international, des chemins de fer russes et japonais de Kharbine à Port-Arthur. Si cette opération échouait, M. Knox proposait la construction, grâce encore à un emprunt international, d'une voie ferrée Kintchéou, sur le Pétchili, Tsitsikar-Aïgoun, sur l'Amour, qui concurrencerait le Transmandchourien. De cette façon, le projet américain affirmait les deux principes de l'égalité économique et de la souveraineté chinoise. Il aurait peut-être eu quelque chance de succès si les Etats-Unis avaient pu opposer au Japon la Russie, la seule puissance capable de lui faire contrepoids en Extrême-Orient. Mais depuis la guerre, les deux Etats se rapprochaient insensiblement et le projet américain n'était pas fait pour les désunir devant le danger commun. A Pétersbourg, il est vrai, certaines personnes soutenaient bien que la Russie devait se retirer de la Mandchourie pour se concentrer en Europe et dans le Turkestan ; le projet n'était donc pas absolument chimérique. Mais, en général, dans le monde officiel, on ne voulait pas avec raison perdre les bénéfices d'une politique suivie patiemment depuis de longues années, qui répondait à des besoins naturels et avait nécessité de très lourds sacrifices.

Ni le Japon, ni la Russie, ni même la Chine, n'acceptèrent le principe de la neutralisation. Quant au projet de chemin de fer, Russes et Japonais déclarèrent qu'ils l'examineraient. Ni les uns ni les autres n'en étaient partisans ; les Russes, car les Japonais, en cas de guerre, maîtres de la partie méridionale du chemin de fer, porteraient plus aisément des troupes sur Kharbine, les Japonais, car ils y voyaient une augmentation d'influence au profit de la Chine. La Russie, même pour mieux faire échouer ce projet, proposa la construction d'une voie ferrée de Kalgan à Ourga.

Du reste, la proposition américaine était contraire aux textes des traités de 1905 et 1907 transférant aux Japonais les droits de propriété sur la plupart des chemins de fer mandchous, à l'accord sino-japonais de 1905, interdisant au gouvernement chinois de construire des lignes parallèles aux chemins de fer existants sans l'assentiment du Japon, à l'accord de 1909 confirmant le précédent. Elle était aussi contraire aux faits. Comment supposer un seul instant que le Japon, qui avait dépensé des milliards pour conquérir en Corée et en Mandchourie une situation privilégiée, accepterait un tel projet ? Comment la Russie également qui, sous les sages et très habiles directions de M. Iswolsky, s'était, en 1907, rapprochée du Japon, pour conserver dans la Mandchourie du Nord une place prépondérante, consentirait-elle à partager son influence avec le Céleste Empire ou accessoirement avec les Etats-Unis ? On ne renonce pas brusquement, devant les sollicitations étrangères, à une politique de plus d'un demi-siècle. Que la Russie, au point de vue commercial, ne fût pas satisfaite de sa ligne qui lui coûte plus de 26 millions de roubles par an, ce n'était pas suffisant pour l'abandonner, alors que tous les jours la Sibérie et la Mandchourie se développent économiquement.

La proposition Knox échoua piteusement même auprès des puissances européennes. L'Angleterre ne voulait rien faire contre le Japon et contre la Russie, c'était très naturel. La France également. Après tout ce n'était pas son affaire, et elle n'avait aucun besoin, à cause de la nature de son commerce dans les mers de Chine, de réclamer impérieusement la porte ouverte. Quant à l'Allemagne, si elle a de gros intérêts en Chine, elle en a ailleurs également. Sa politique n'est pas de trop contrarier la Russie pour la jeter dans les bras de l'Angleterre, ni de déplaire au Japon en qui elle verrait facilement un allié futur à l'expiration de son

traité d'alliance avec l'Angleterre. Bref, les Américains restèrent isolés et même un des curieux effets de leur imprudente proposition fut de précipiter et d'accentuer le rapprochement russo-japonais déjà préparé par les conventions de 1907 et par la mission de M. Kokovtzof et du prince Ito, au cours de laquelle ce dernier fut assassiné par un fanatique coréen, et qui fut consacré par l'accord du 4 juillet 1910.

Ce texte voile habilement, sous le langage diplomatique, les conditions d'une situation nouvelle, mais il permet néanmoins de la définir et de la préciser en procédant par comparaison. Dans l'accord de 1907, chacune des puissances contractantes s'engageait à *respecter* l'intégrité territoriale de l'autre et les droits découlant des traités. En 1910, chacune des puissances s'engage à *maintenir* le *statu quo* en Mandchourie, c'est-à-dire à le *faire respecter* (art. 2) ; la différence apparaît clairement. Il est même ajouté, dans l'art. 3, qu'au cas « où un événement de nature à menacer le *statu quo* viendrait à se produire, les deux Hautes Parties contractantes entreraient en communication entre elles, afin de s'entendre sur les mesures qu'elles jugeraient nécessaires de prendre pour le maintien du *statu quo* ».

Il résulte de ce texte d'abord que la Russie et le Japon se garantissent réciproquement la situation qui leur est faite par les conventions précédentes, notamment l'exploitation de leurs voies ferrées ; ensuite que la Mandchourie est partagée en deux sphères d'influence entre les deux puissances — la Chine restant toujours souveraine — et qu'elles s'en garantissent le maintien. Si l'on veut interpréter l'article 3, sa signification est très claire. La Russie et le Japon s'entendent pour mieux résister d'un commun accord aux prétentions chinoises et américaines qui voudraient les diviser. C'est ainsi que peu à peu une situation de fait entraînait en Mandchourie une situation de droit.

Pour mieux comprendre encore l'accord de 1910 qui fixe la condition de la Mandchourie et de son chemin de fer, il faut savoir ce qu'est, au point de vue économique, cette merveilleuse province du Céleste Empire. D'abord, en matière agricole, la Mandchourie ressemble au Middle West américain, c'est dire quelle en est la prospérité. Lorsque le sol sera cultivé suivant les méthodes rationnelles, il fournira en céréales et grains, un rendement très intense, et avec le développement des voies ferrées, les exportations ne feront que s'accroître (1). La Mandchourie est également très riche en mines de charbon dont plusieurs sont échelonnées le long du Transmandchourien, entre Port-Arthur et Kouan-Chang-Zu, notamment les mines de Fushum et de Yentaï, et sont exploitées par les Japonais (en vertu de l'arrangement de Pékin du 4 septembre 1909). Il faut dire que beaucoup de mines ne sont pas livrées à l'exploitation, ce qui indique suffisamment quelles sont les richesses incomparables de la Mandchourie. On pourrait encore mentionner les forêts situées près du Yalou et dont l'exploitation est aux mains d'une compagnie composée de capitalistes chinois et japonais.

Les Etats-Unis envoient dans les ports mandchouriens (Niou-Tchouang), quantité de leurs produits manufacturés, mais ils se trouvent là en concurrence avec le Japon et la Russie où l'industrie se développe de plus en plus ; ils ont donc moins que jamais à se féliciter de l'accord récent et de l'échec de leur projet d'internationalisation. D'autant plus qu'en Chine où les Etats-Unis sont les défenseurs convaincus du principe de la « porte ouverte », le chiffre de leurs exportations a considérablement baissé. Il était, en 1910, de 15 millions de dollars contre 58 millions, en 1905. Avoir fait conclure le traité de Portsmouth, et, par conséquent, confirmé en Chine le principe de la « porte ouverte » pour arriver à un tel résultat, c'est plutôt une désillusion.

Mais cette prépondérance de la Russie et du Japon en

(1) La superficie totale des terrains livrés à la culture dans la province de Kouantoung, à la fin de 1909, était de 17.940 hectares. On y cultive du maïs, du millet d'Italie, des fèves, du riz jaune, du froment, du sarrazin, du colza, des navets, des patates douces, des concombres et des poireaux. On y pratique l'élevage des porcs, des bœufs, des chevaux, des mulets, des ânes, des chèvres. La valeur des marchandises exportées et importées par le port de Dalny, de et pour le Japon, était en 1909 de 22.880.382 de yen (exportations) et 13.537.100 de yen (importations). (*Annuaire financier et économique du Japon. Ministère des Finances*. Tokio, Imprimerie Impériale, 1910.)

Mandchourie, désormais unis pour en faciliter l'exploitation commerciale, ce ralentissement indéniable dans les progrès économiques des Américains en Chine, dureront-ils longtemps ? Il serait intéressant de montrer, comme conclusion de cette étude, quelle peut être dans l'avenir, en Extrême-Orient, la situation des trois puissances dont nous venons de définir la politique. Mais ne soyons pas prophète ! c'est un rôle faux et ingrat, principalement en matière diplomatique et économique. A une époque où les événements se succèdent avec une telle rapidité, une prédiction à peine lancée est souvent le lendemain même démentie par les faits.

Mais nous devons néanmoins reconnaître que la situation présente peut se modifier dans un avenir donné sous l'influence de facteurs nouveaux. Qu'adviendra-t-il du commerce russo-japonais en Mandchourie et même en Chine, lorsque Panama sera percé, permettant à l'Amérique d'amener rapidement sur les marchés de la Chine ses divers produits ? Le Canal rapprochera tellement les grands ports du Pacifique, Hong-Kong, Shanghaï, Yokohama, de New-York et des ports sur l'Atlantique, que désormais ceux-ci seront plus proches des Etats-Unis que des ports de la Manche. Sans Panama, en effet, les ports américains de l'Atlantique sont plus éloignés des ports chinois et japonais que ne le sont Londres et Hambourg. L'Amérique du Nord, par le fait du canal, pourra lutter avantageuement contre l'Europe sur tous les marchés du Japon, sur les principaux marchés de la Chine et surtout en Australie. Les Etats-Unis croient pouvoir, grâce au canal, accaparer le commerce avec le Japon et la Chine et jouer dans ces régions un rôle prépondérant. Ils se voient déjà, comme au Mexique, absorbant 55 0/0 du commerce total (1). Enfin, grâce à une rapide concentration de leur flotte, ils espèrent devenir un jour les maîtres du Pacifique.

Réciproquement, le Japon bénéficiera du percement du canal pour atteindre les ports de l'Atlantique. Il ne faut pas oublier toutefois que le Japon et les Etats-Unis sont tous les deux des pays industriels, fabriquant les mêmes produits ;

(1) Voir notre étude sur *Suez et Panama*, dans les *Annales des Sciences politiques*, 15 septembre 1909.

il n'y a de différence qu'au point de vue agricole. Mais comme le Japon peut trouver en Corée et en Mandchourie les produits dont il a besoin, la concurrence subsistera au point de vue industriel. Et cette lutte économique est doublée ici d'une lutte de race qui la rendra encore plus vive.

Et que dire du principal intéressé, celui sur le dos duquel s'échafaudent les accords et les conventions, la Chine ? Voici que ce grand empire sort de sa torpeur millénaire. Inorganisé et sans âme, il cherche à grouper les énergies pour mieux les utiliser. Il veut peu à peu se donner un gouvernement à l'européenne, un Parlement, pour entrer définitivement dans le grand courant de la civilisation. Mais ce mouvement réformiste, qui est caractérisé par la surexcitation du sentiment national, est hostile à toute intervention étrangère. Il représente une réaction contre l'influence d'une bureaucratie incapable, et, à ce titre, il s'appuie sur des éléments révolutionnaires qui, à un moment donné, par exemple lors de la réunion dans un an du Parlement chinois, peuvent déchaîner une guerre civile dangereuse pour les Européens. Ce sont des hypothèses, mais basées sur des faits. Il n'y a pas de doute, en effet, que la Chine militaire se développe, que la Chine industrielle est en voie d'expansion, qu'elle se couvre de chemins de fer, sur nos instances, il est vrai, et qui un jour serviront la puissance chinoise, qu'enfin la formule « la Chine aux Chinois » devient de jour en jour une réalité.

Elle sait parfois déjà résister aux influences européennes, le récent différend russo-chinois en est une preuve. La Russie reprochait à la Chine de violer sur plusieurs points le traité de Saint-Pétersbourg du 12/24 février 1881, accordant à la Russie, en compensation de l'évacuation de Kouldcha (Turkestan chinois) occupée en 1871, des privilèges commerciaux et consulaires. La Russie déclara que, du fait des Chinois, ces privilèges avaient disparu. Ainsi sur le Soungari, les autorités chinoises ont établi un bureau de douane, ce qui est contraire au traité. La Russie menaça la Chine, si elle ne venait pas à récipiscence, et n'accédait pas aux six conditions stipulées dans une note du 15 février dernier (1), d'occuper à nouveau la

(1) 1° Les termes des traités entre la Russie et la Chine ne limitent

région de Kouldcha. La Chine, de son côté, déclara qu'ayant dénoncé elle-même, afin de le modifier, le traité de 1881, qui peut être revisé tous les dix ans, la Russie voulait l'intimider pour obtenir les plus grands avantages possibles. Naturellement, elle prétendait que la Russie avait violé elle-même ce traité. Elle a, néanmoins, dans une note du 20 février, accordé en partie ce que la Russie demandait, sauf en ce qui concerne les immunités des commerçants en Mongolie et la nomination de consuls par la Russie. Les divergences de vues qui subsistaient donnèrent lieu à un nouvel échange de notes. Devant les réponses dilatoires de la Chine (note du 18 mars), le gouvernement russe, las de ces tergiversations et de ce mauvais vouloir, envoya l'ultimatum du 25 mars qui exigeait une réponse précise aux demandes précédemment formulées, et d'après lequel il se réservait une « entière liberté d'action », si, dans le délai de trois jours, il n'avait pas obtenu satisfaction. La Chine a finalement cédé redoutant les conséquences d'une guerre à laquelle elle n'était nullement préparée. Si la Russie a parlé avec énergie, en présence des lenteurs calculées de la Chine, c'est qu'elle voulait, comme l'a fait très justement remarquer M. Jean Herbette,

pas le droit du gouvernement russe de frapper de droits de douane les articles échangés entre les deux pays à l'exception d'une zone de 50 verstes des deux côtés de la frontière de terre ;

2° Les sujets russes bénéficient en Chine de l'exterritorialité, et les litiges entre Russes et Chinois doivent être déférés à des tribunaux mixtes ;

3° Dans la Mongolie et l'Ouest de l'empire chinois les sujets russes ont droit de résidence et de commerce de toute espèce et provenance, la franchise des droits du commerce ne doit donc pas être entravée par les monopoles ;

4° Le Gouvernement russe ayant le droit de nommer des consuls à Kobdo, Hami, Goutchen, le gouvernement chinois ne doit pas refuser son consentement quand la fréquence des litiges russes et chinois démontre la nécessité dans ces districts de l'établissement de consulats russes ;

5° Les autorités locales chinoises dans les districts consulaires doivent reconnaître aux consuls leur qualité officielle et n'ont pas le droit de refuser de régler, conjointement avec eux, les litiges russes et chinois ;

6° Dans les villes où le gouvernemnt russe a le droit de nommer les consuls, les sujets russes ont le droit d'acquérir des terrains et de bâtir des maisons.

avant de renouveler le traité de 1881, consolider son influence
sur la voie du Baïkal à Pékin, étendre sa zone d'action jusque
sur les confins du désert de Gobi, frontière naturelle de deux
civilisations (1). Et en ceci, on ne peut la blâmer, pourvu
qu'elle agisse avec prudence et ne se lance pas dans une
« aventure chinoise » qui l'immobiliserait en Asie.

Tout cela nous montre qu'il se manifeste de plus en plus
en Chine des velléités d'indépendance : on peut avoir un jour
à compter avec elle en Extrême-Orient. Voilà, en somme,
bien des problèmes nouveaux.

Nous savons quelle influence ont joué et doivent jouer encore ces questions d'Extrême-Orient dans la politique européenne. Jadis, ce fut l'Extrême-Orient qui voulut pénétrer
en Europe, c'est aujourd'hui l'Europe qui pénètre en
Extrême-Orient, et cette pénétration économique de l'Europe est une nouvelle face de l'éternelle question d'Orient.
C'est par l'Orient, en effet, que certains peuples européens
ont voulu atteindre l'Inde et le golfe du Pétchili. Il leur fallait d'abord s'assurer des voies continentales et maritimes
qui y mènent et qui commencent à l'Orient de l'Europe.
Maintes fois, au cours de l'histoire, on a vu telle puissance
accentuer sa politique extrême-orientale, lorsqu'elle avait
subi en Orient des échecs qui diminuaient son influence ou
qui ralentissaient sa poussée incessante vers la mer libre.
On sait encore à quel point plusieurs puissances européennes
sont liées par des ententes ou des alliances aux peuples qui
se meuvent en Extrême-Orient et se trouvent ainsi mêlées
plus directement aux événements qui se passent dans cette
partie du monde. Plus que jamais il faut souhaiter le maintien du *statu quo* en Extrême-Orient et désirer que les con-
flits s'atténuent et les rivalités s'effacent, afin d'éviter des
bouleversements politiques nuisibles à l'intérêt général. La
paix en Extrême-Orient, c'est la paix en Europe !

(1) *Le Siècle*, 21 février 1911.

Paris. — Typ. A. DAVY, 52, rue Madame. — Téléphone

77

Revue Politique et Parlementaire

Paris. — Imprimerie A. Davy, 52, rue Madame. — *Téléphone.*